AF329355

A TOUT LE MONDE.

TROISIÈME CAUSERIE ÉLECTORALE

PAR

Adolphe LAMBERT (DE NANCY),

Auteur du Système de la Justice gratuite.

NANCY,

Au bureau du *Travailleur*, passage du Casino, et chez les principaux
Libraires de la Meurthe et des départements voisins.

1849.

A TOUT LE MONDE.

Électeurs, je vous ai entretenus dans ma première brochure de la propriété, du travail, de l'éducation, de la religion, de la famille, des contributions à réduire, et je vous ai soumis un système de justice gratuite.

Dans ma seconde causerie électorale je vous ai parlé des paysans et des ouvriers des villes, des candidatures à repousser, de celles qu'il convient de faire prévaloir.

Il ne me reste plus qu'à examiner les objections que les blancs et les calomniateurs feront colporter partout contre ceux qui veulent la véritable république, et à vous dire quelques mots des *honnêtes gens*, de l'ordre et de la démocratie.

Je continuerai à vous parler avec la franchise et le courage qui constituent le fond de mon caractère. Je n'ai pas l'ambition de solliciter vos suffrages ; je parle par conviction, au risque de perdre mes affaires, qui me font vivre, et d'ameuter des ennemis ou des jaloux, ce qui est pis encore ; je travaille pour le Peuple par pur amour du Peuple ; je n'ai donc pas à ménager, comme le font les candidats, la chèvre et le chou ; je puis vous étaler mes pensées, vous ouvrir mon cœur, déployer mon âme dans ces feuilles de papier qui passent sous vos yeux ; et c'est peut-être un mérite d'arborer ainsi son drapeau, au moment où tant d'autres mettent le leur dans leur poche.

Des objections que l'on fera aux candidatures des Républicains actifs.

Ceux qui s'appellent les honnêtes gens ne manqueront pas d'entraver le succès des bonnes candidatures, en di-

— 4 —

sant des républicains : ce sont des *rouges*, ce sont des *socialistes;* et vous autres, qui pour la plupart, n'avez pas le temps d'étudier ni les hommes ni les choses, vous croyez tous ces beaux messieurs sur parole, et vous vous figurez que les *rouges* et les *socialistes* sont des hommes de sang et de brigandage.

Oh! certes, si les socialistes et ceux que les réactionnaires appellent les rouges, étaient en réalité tels qu'ils vous les dépeignent, vous auriez raison de vous en défier; il faudrait tout bonnement les mettre en cage. Mais sachez donc bien que les aristocrates calomnient la démocratie ; que pour faire monter la haine de la Révolution à la surface des cœurs, ils remuent la vase qui gît au fond ; qu'au lieu d'en appeler à la raison, ils recourent au mensonge et s'adressent à tous les instincts hideux.

Un citoyen exprime-t-il l'opinion qu'il attendait, de la Révolution de Février, autre chose que ce qu'elle a produit, *les républicains du lendemain*, ce que l'on est convenu d'appeler les *honnêtes gens*, le qualifient de *Rouge!*

Ose-t-il soutenir que la représentation nationale n'a pas eu le sentiment populaire qui inspire les grandes choses, et le génie des révolutions qui les conduit au port ? *Rouge!*

Pense-t-il que l'impôt doit changer de base, que le superflu des riches doit y pourvoir, que le nécessaire des classes moyennes doit être respecté? *Rouge !*

Celui-ci demande-t-il le crédit avantageux de l'Etat à la place du crédit rongeur des banquiers, les bons hypothécaires pour soulager la propriété et sauver l'industrie? *Rouge!*

Celui-là croit-il qu'il faut épurer les administrations ; qu'il est dangereux de livrer les institutions républicaines à l'interprétation des magistrats, qui ont soutenu toute

leur vie un système opposé, que le bon sens prescri
d'appuyer la république sur ses partisans? *Rouge* encore

Ouvriers, qui osez dire que par le fait de votre nais-
sance vous avez le droit de vivre, demandez-vous la subsistance au travail, laissez-vous une plainte sortir de
votre âme brisée, quand le chômage arrive et que la
misère est assise à votre foyer? taisez-vous, vous bles-
seriez les oreilles des honnêtes gens, vous n'êtes que des
rouges !

Mais direz-vous, ma femme se ride sous la douleur,
mes enfants se tordent de désespoir; du travail, du travail ! — arrière, *Rouges !*

Mais j'ai de la force, de l'intelligence, du cœur, j'offre
tout cela à la propriété, aux gros capitaux, aux heureux
consommateurs, à la société, je demande seulement de
l'ouvrage ! — *Rouge, rouge, rouge !*

Infirmes des campagnes, vieillards qui, venus au
monde sans rien posséder, vous êtes courbés pour faire
produire le champ des autres et n'avez plus la force de
gagner votre vie, ne demandez pas à la République des
établissements où votre impuissance reçoive assistance,
où votre vieillesse trouve le repos, ils vous appelleraient
rouges !

Plaideurs, qui vous plaignez de ce que la justice est
trop compliquée de formalités et de lenteurs, de ce que
le chemin qui conduit à son sanctuaire est un chemin
dur et hérisé d'épines, auxquelles vous laissez toute votre
patience et les lambeaux de votre bourse, qui espérez de
la République une organisation qui la rende moins oné-
reuse,.... vous êtes encore des *rouges !*

Et nous tous, qui ne voulons pas une République de
misère et qui demandons une République forte, féconde,
pour qu'à ses mamelles généreuses tous ses enfants

s'abreuvent largement, sans distinction de culte, d'opinion, de classes, nous ne sommes que des *rouges !*

Eh bien ! pour mon compte j'accepte ce titre, et je me glorifie de le porter en bonne compagnie ; avec le peuple, avec ceux qui souffrent, avec ceux qui espèrent ; avec tous les dévouements, avec toutes les saintes aspirations de l'humanité.

Les Socialistes.

Lorsque je me promenais avec ma mère — que Dieu veuille bien récompenser de sa tendresse pour moi, et de son amour pour lui ! — quand tous deux, les soirs d'été, par un beau clair de lune, nous allions côte à côte respirer l'air des champs, elle, heureuse de mon babil, moi, content de tenir sa main et d'entendre le rossignol chanter, il m'arrivait quelquefois d'avoir peur. Mon imaginatinon, travaillée par les récits absurdes de revenants, et par les histoires de loups qu'on se plaît, je ne sais pourquoi, à conter aux enfants, me faisait voir des choses alarmantes dans les formes fantastiques qui se dessinaient devant nous. Alors ma mère, qui veillait sur mon enfance, comme un bon ange tutélaire, me menait droit aux objets qui faisaient trembler ma petite main dans la sienne, et elle me guérissait de la frayeur en me prouvant que les formes que je prenais pour des voleurs embusqués, des loups à l'affût, ou des fantômes affreux, n'étaient que des buissons d'épines, des blocs de rochers ou l'ombre des branches de saules que le vent agitait au-dessus du chemin de la vallée. D'autres fois, en hiver, quand les rafales de neige battaient nos fenêtres ; lorsque l'aquilon mugissait dans la vaste cheminée de la cuisine, et que nous étions tous autour du foyer, les uns causant, les autres travaillant, il arrivait tout-à-coup qu'un bruit imprévu ou qu'un long gémissement se faisait entendre dans les greniers; je me pressais contre ma mère, j'avais encore peur. Que faisait-elle? Elle allumait une lanterne, me conduisait au grenier, en ayant bien soin de ne pas approcher la lumière du foin placé dans la grange pour le déjeûner des vaches, et je me rassurais par la certitude que les auteurs des bruits de la nuit n'étaient que des chats, se sauvant à notre approche.

Quand on a parlé du socialisme, fantôme effrayant, espèce de bête à sept têtes, avec des gueules garnies de crocs et de griffes à perte de vue, monstre qui veut, disent les ennemis du peuple, voler vos champs, partager vos femmes et croquer vos filles, je me suis rappelé le procédé de ma bonne mère. Et comme il m'arrive, à moi, aux heures où d'autres dansent dans les salons, de prendre un livre, après avoir endormi mon fils sur mes genoux, et d'ajouter le charme de l'étude au bonheur de la vie de famille, j'ai, cet hiver, employé mes veillées à apprendre le socialisme.

Eh bien! je vous dirai tout franchement que le socialisme n'est pas une bête aussi affreuse que certaines gens essaient de le faire croire.

En principe, qu'est-ce que c'est? une aspiration vers une amélioration sociale, un désir d'adoucir le sort de ceux qui souffrent, de faire autant que possible disparaître la misère. Voilà la définition du socialisme; ce n'est pas autre chose.

Est-ce là un mauvais sentiment?

En fait, que propose-t-il pour arriver à son but?

Des mesures dont je vous fais vous-mêmes les juges, écoutez:

Vous êtes quelquefois embarrassés, vous, cultivateurs,

de votre blé ; vous, vignerons, de votre vin ; vous, fabricants, des tissus, des chapeaux, des meubles, de la fayence de vos ateliers ; vous avez tous besoin de vos produits réciproques, et il arrive cependant que vous n'utilisez pas vos marchandises aussi facilement que vous le désirez, surtout dans les moments les plus pressants. Ça inquiète les socialistes, ces gens qui se mêlent de tout, et ils imaginent que s'il y avait des entrepôts publics où vous pourriez échanger contre les choses dont vous auriez besoin, qui, son blé, qui, son vin, qui, les produits de son industrie, on vous rendrait à tous un service signalé.

Vous autres, propriétaires, dont on cherche à soulever les colères contre les socialistes, vous avez souvent besoin d'argent, et la preuve c'est que vos champs sont frappés d'hypothèques, dont le chiffre total s'élève à 14 milliards, le tiers de la valeur des propriétés foncières de la France. Au train dont ça va, la prophétie de notre célèbre agronome lorrain, Mathieu de Dombasle, s'accomplira, c'est-à-dire que la terre sera complètement dévorée par les écus, si l'intérêt des capitaux reste à un taux deux fois plus élevé que le revenu de la terre. L'argent est difficile à trouver ; il vous coûte cher ; avec les honoraires des notaires, les frais d'actes, le renouvellement des inscriptions, ça monte comme qui dirait à huit pour cent. Vos propriétés rapportant moins, vous ne vous enrichissez pas, c'est clair comme le jour ; puis quand l'échéance arrive, ou qu'il y a des crises dans les affaires, l'expropriation vient et vous êtes ruinés. Voilà une plaie sociale que les socialistes veulent guérir. Pour cela ils ont imaginé un crédit agricole. C'est d'abord l'institution des bons hypothécaires. Vous faut-il six mille francs ? Au lieu d'aller chez le notaire, qui vous les refusera peut-être, vous vous rendez chez l'agent du gouvernement qui est obligé de vous prêter, si vous êtes dans les conditions voulues par l'institution de ce genre de crédit. L'agent prend note de vos propriétés; il les fait estimer ; on reconnaît qu'elles valent douze mille fr.; bien ! Vous souscrivez une obligation envers l'Etat; il prend une première inscription sur vos biens; seulement, au lieu de mettre votre contrat en circulation et de vous donner des écus, il vous fait, lui, des billets beaux et bons, garantis par l'Etat, garantis par vos propriétés, que vous pouvez mettre en circulation comme de la monnaie. Voilà les bons hypothécaires. C'est tout comme les lettres de change, qu'entre commerçants, on prend pour argent comptant, avec cette différence que les bons hypothécaires n'ont pas besoin d'endossement; qu'ils peuvent circuler comme une pièce de cinq francs ; que chacun est obligé de les recevoir, et qu'il n'y a ni dépréciation, ni perte, ni banqueroute à redouter, puisque ces bons sont garantis d'un côté par l'Etat, de l'autre par des propriétés dont la valeur excède du double le montant des bons. Tout cela s'opèrerait sans frais, et vous ne paieriez les rentes qu'à trois pour cent; entendez-vous bien, à trois pour cent, au lieu de huit que le mode actuel d'emprunt coûte à vos bourses. Préféreriez-vous payer à l'Etat l'intérêt à cinq ? L'Etat vous dispenserait, en ce cas, du remboursement du capital, et au bout de 28 ou 30 ans vous seriez quittes, complètement quittes.

Ça ne vaut-il pas mieux que de vous laisser entre les mains des marchands d'écus ? Est-ce que le socialisme émet là un système nuisible à la propriété ? Ne vous semble-t-il pas au contraire que vos immeubles y gagneraient beaucoup, mais beaucoup, beaucoup, parce que l'agriculteur pourrait les améliorer du moment qu'il aurait la facilité de se procurer des fonds; parce qu'ils rapporteraient plus que les capitaux; parce qu'on les rechercherait davantage.

Voulez-vous que je vous dise en outre quel immense profit tous les citoyens, — ceux qui possèdent, comme ceux qui n'ont rien, — retireraient de l'institution des bons hypothécaires ? C'est que les débiteurs rembourseraient leurs créanciers tout de suite, pour ne plus payer que trois pour cent de rente. Or, les capitalistes ayant, au moyen de ce remboursement, presque tous les bons hypothécaires entre les mains, seraient les premiers intéressés à les faire circuler; ils les utiliseraient par le travail, en alimentant le commerce, en commanditant l'industrie; les affaires reprendraient, et nous serions sauvés.

Mais vous n'aurez cela qu'avec la République démocratique et sociale.

Comprenez-vous alors pourquoi les capitalistes, qui n'en veulent pas, en disent pis que pendre contre les socialistes, et ne vous présentent pour candidats que des gens, comme eux intéressés à ne rien changer dans ce qui est.

Les socialistes proposent des comptoirs populaires, où les citoyens, dans des moments de gêne, pourraient obtenir des avances de fonds, contre consignation de grains, de vins, de meubles, de marchandises. Ce ne seraient pas des Monts-de-Piété, nécessaires, peut-être, mais ruineux, ce seraient des établissements bienfaisants, où les denrées que vous ne reprendriez point lorsque vous ne pourriez pas rembourser les avances, ne seraient vendues qu'en temps opportun sans frais et au profit des consignataires. Ceux-ci n'auraient à supporter qu'un prélèvement nécessaire pour rembourser les avances qui leur auraient été faites et un simple droit d'emmagasinage.

Les socialistes savent que la presque totalité des travailleurs ne peuvent, en raison du prix, user de viande, cet aliment qui serait si nécessaire pour entretenir leur santé et vivifier leurs forces ; ils savent que cette élévation excessive de la valeur de la viande provient des droits d'octrois et des bénéfices des bouchers, qui se montent à 55 p. 100. Ils demandent en conséquence l'abolition des octrois et l'établissement de boucheries communales, aux frais desquelles 5 p. 100 de bénéfice suffirait. Est-ce que si vous pouviez avoir la viande à un tiers de moins qu'elle ne coûte aujourd'hui, vous trouveriez que les idées socialistes sont mauvaises ?

Il en est de même du pain. Supposez que chaque commune ait une ou plusieurs boulangeries, exploitées dans l'intérêt de tous les habitants, ne voyez-vous pas quel débouché facile les producteurs trouveraient pour l'écoulement de leurs grains, et quels avantages on procurerait aux consommateurs par la destruction de ce commerce inhumain des accapareurs, dont les spéculations amènent des hausses exorbitantes et des disettes factices ? — Exemple : ce qui a eu lieu il y a deux ans.

Les socialistes veulent la consécration et l'organisation du droit au travail.

Des hommes, qui aiment mieux calomnier une doctrine que d'en apprendre les principes, vous font croire que le droit au travail c'est tout bonnement le pouvoir donné à tous les ouvriers d'aller dire à leur voisin : donnez-moi du travail ou nourrissez-moi. Etrange erreur ! abominable mensonge ! il n'est pas plus question de cela que de l'Antechrist. Déjà je vous ai expliqué ce que c'était que le droit au travail ; c'est une conséquence du droit de vivre ; c'est l'équivalent du droit de propriété ; c'est le contraire de cette maxime malthusienne : Il faut tuer ou laisser mourir de faim ceux que le manque d'ouvrage prive des moyens de pourvoir à leur nourriture. L'organisation du droit au travail, n'entend rien imposer aux particuliers, elle ne veut contraindre personne, elle consiste, de la part du gouvernement, à vivifier, à accroître progressivement les diverses sources de l'activité publique par des institutions et des lois libérales; à procurer aux travailleurs les instruments de travail, qui sont les capitaux, ou à les en affranchir, et à leur assurer une part équitable dans la répartition des produits.

Ainsi, l'instruction gratuite, donnant à tous la possibilité de développer et d'utiliser ses facultés intellectuelles, est une conséquence du droit au travail, une première mesure de son organisation.

Ainsi, un ministère du progrès pour faire étudier et appliquer les moyens qui peuvent rendre le travail moins rude, plus sain, plus doux, plus attrayant; qui lui cherche des débouchés; qui fasse les essais d'association, de banque du peuple, de systèmes et toutes choses proposées par les penseurs qui se préoccupent d'améliorer le sort des masses; qui ait pour mission de propager les bonnes mesures, par la seule démonstration de la vérité et les avantages de l'exemple; voilà de l'organisation du travail.

Ainsi, pour me renfermer dans une question que vous comprendrez tous, celle de l'agriculture : on demande un système général d'irrigation, des banques agricoles, les bons hypothécaires, l'endiguement des rivières, dont les débordements ravagent les campagnes; la mise en produit des marais, des landes, des terres incultes, — et c'est le cinquième du territoire en France qui est inculte; — par des colonies agricoles, par le reboisement des montagnes, par l'emploi utile et productif d'une partie de l'armée et de ceux des travailleurs que l'industrie laisse inoccupés.

Croyez-vous, par exemple, que l'enseignement agricole, qui a été décrété, ne produira pas de bons effets lorsqu'on l'appliquera largement?

Croyez-vous que si vous aviez dans chaque village des crèches, des salles d'asile, pour soigner les petits enfants et rendre aux travaux des champs les femmes que les soins de famille retiennent à la maison, vos exploitations en souffriraient?

Croyez-vous que les socialistes sont des destructeurs de la famille?

Quand ils demandent pour vos enfants ces salles d'asile, premiers foyers du travail attrayant, d'instruction et de vertu?

Quand ils veulent remédier, par une organisation meilleure, à l'immoralité, à l'insalubrité, à l'abrutissement qui tue le sentiment et détériore la santé des enfants et des adultes, occupés pêle-mêle et comme des machines, dans les manufactures?

Quand ils soutiennent que la prévoyance sociale doit être étendue à tous les faibles, aux infirmes, aux vieillards?

Le socialisme! mais vous en faites tous les jours;

Vous en faites quand vous donnez vos vignes à façonner aux vignerons, avec qui vous partagez la vendange par moitié; c'est là une association bien caractérisée du capital et du travail; vous en faites quand vous donnez ou prenez des brebis à hôte; vous en faites lorsque n'ayant qu'un cheval, vous vous concertez avec votre voisin, qui n'est pas mieux monté que vous, pour composer une charrue et labourer réciproquement vos terres.

En vérité, en vérité, je vous le dis, moi, qui ne veux pas mettre la propriété en fricassée, et qui ne déjeune pas avec des côtelettes d'aristocrates, mais qui, au lieu de me sauver de peur en face de ce monstre de Socialisme, l'ai bien examiné, bien tâté, bien étudié, le Socialisme n'est pas un croquemitaine, sa mine est pacifique, sa tête intelligente, son cœur bon, tout ce qu'il y a de meilleur, ses tendances sont généreuses, et l'application de ses doctrines les plus saines amèneront sans trouble, sans contrainte, sans toucher aux biens et à la position des heureux de ce monde, l'élévation des infimes, le soulagement de ceux qui souffrent, la sécurité pour les riches et l'amélioration du sort des travailleurs.

N'en ayez donc pas peur, ce n'est point un ouragan qui ravage, c'est une pluie douce qui fertilise.

Les républicains honnêtes et modérés.

Tous ceux qui n'osent pas encore se dire royalistes, tous ceux qui se qualifient de bonapartistes pour exploiter le plus grand nom et le plus glorieux souvenir de ce temps, tous ceux qui, sans se préoccuper beaucoup de la forme politique, veulent, sous tous les gouvernements, la conservation des abus dont la classe privilégiée recueille les profits, tous ceux qui nous appellent rouges, se donnent le nom menteur de *républicains honnêtes.*

Honnêtes gens, eux? mais demandez-leur donc comment ils ont amassé leur fortune?

Est-il honnête le négociant qui a fait son magot en rognant sur le producteur, en attrapant le consommateur, en falsifiant son vin, en vendant du coton pour de la laine, en trompant sur ses marchandises?

Sont-ils honnêtes, les fonctionnaires publics qui ont prostitué leur conscience pour de hautes positions, les électeurs influents qui ont reçu la croix d'honneur pour prix de leur complaisance envers un système corrupteur et corrompu?

Sont-ils honnêtes, ces riches qui séduisent et délaissent

les pauvres filles, qui jettent et abandonnent leurs bâtards à la porte des hospices ?

Ce qu'ils sont, je vais vous le dire : Ce sont des hommes sans entrailles, sans foi ni noblesse, sans cœur sans âme ; qui verraient impitoyablement mourir de faim leur frère ou leur sœur; qui se disent sans peur sans reproche, parce qu'ils font leur chemin sur la lisière du code ; qui cachent des vices et montrent des écus transformés en vertus; qui présentent l'avarice comme une sage économie, et l'inexorable dureté comme prudence nécessaire ; qui ne tiennent pas plus au gouvernement du bon Dieu qu'à celui du diable ; qui veulent seulement que quelqu'un ou quelque chose gouverne ; qui sont trop despotes pour ne pas aimer la tyrannie; qui ne détestent la République que parce qu'elle proclame l'égalité des droits et des devoirs ; qui désirent la royauté parce qu'elle protége le monopole ; qui n'estiment le prochain qu'en raison de ce que le prochain possède ; qui n'ont d'autre culte que celui du veau d'or; qui vendraient un peuple pour une maison, et leur âme pour une inscription de rente. Ce sont des égoïstes qui traitent les sentiments de fous, et les principes de brigands, dès que ces sentiments et ces principes semblent menacer leurs priviléges ; qui se croient quittes de tout quand ils ont prononcé qu'il y a toujours eu et qu'il y aura toujours des malheureux. Ce sont des politiques de mauvaise foi qui flétrissent, du nom de démagogues, ceux qui s'imaginent de dire que tout n'est pas pour le mieux dans le meilleur des mondes; qui déclarent furieux et voleurs tous les ouvriers de la ville et des champs dont la voix énergique demande un sort quelque peu moins misérable; qui trouvent étrange qu'on exige que le gouvernement s'occupe de ceux dont la vie est une perpétuelle souffrance. Ce sont des modérés, si modérés qu'ils ont relevé la guillotine que les rouges avaient abolie; qui voudraient que les tribunaux et les gendarmes fissent raison à la bonne société de toutes ces blouses qui osent être mécontentes ; qui s'impatientent de ce que les prisons et les coups de fusils ne les débarrassent pas assez vite, eux honnêtes gens, de cette horrible populace, de ces canailles de républicains qui les empêchent de dormir. Ce sont de si nobles natures, si bien identifiées avec le métal, qu'elles ont une pièce de cent sols à la place du cœur, et de la boue pour cervelle.

Voilà ce qu'ils sont. Et que veulent-ils ?

Ah ! bien peu : — La continuation d'un état de choses dont ils profitent, la réalisation de leurs honnêtes et modestes désirs. *Amen !* Avouez que nous serions bien exigeants, bien cruels, si nous n'accordions pas, pour entretenir l'amitié, ces petits cadeaux à nos amis les ennemis, à ces honnêtes gens, ces petits saints. Quel dommage que M. Tartuffe soit mort ! vous auriez pu voter pour lui. Mais heureusement, je crois, il a laissé de la graine. Je vous conseille d'en semer ; cela pousse comme des champignons.

Soyons sérieux, la chose en vaut la peine. Je reconnais que dans le parti qui s'appelle le parti des honnêtes gens, il y en a un grand nombre parfaitement honorables; tous ne pensent pas comme les principaux que nous venons de dépeindre ; j'avoue aussi que dans le peuple il y a de viles créatures ; mais je suis sûr que si le souverain juge faisait paraître devant son tribunal dix de ceux qu'on nomme blancs et dix de ceux qu'on appelle rouges, dix conservateurs et dix socialistes, dix blouses et dix paletots, pris au hasard, les plus honnêtes gens ne seraient point où la réaction les place. Frères, nous sommes plus forts qu'eux, car nous avons avec nous le bon cœur et le bon sens, l'équité et la justice !

De l'ordre et de la République.

Vous voulez tous l'ordre, n'est-il pas vrai? vous voulez l'ordre comme moi, comme tous les républicains, comme tous les gens véritablement honnêtes. Il ne s'agit donc que de nous entendre pour le réaliser.

Il y a deux sortes d'ordre. Les uns, et ce sont les réactionnaires, n'envisagent l'ordre que par la compression. Ils peuvent l'obtenir pour un temps à l'aide de l'intimidation, à l'aide des baïonnettes et de la mitraille; et ils auront l'ordre, si l'ordre est l'écrasement des faibles par les forts, si l'ordre est le moyen qui permet aux priviléges et aux injustices de se perpétuer, si l'ordre est pour la plainte des malheureux le silence des tombeaux.

Mais ce n'est pas cela l'ordre réel; ce qui le caractérise c'est l'exercice véritable des droits de chacun; c'est la possibilité donnée à tous de retirer de l'emploi de leurs facultés tout le fruit possible sans léser en rien l'expansion rationnelle des facultés d'autrui; c'est l'extinction des priviléges quels qu'ils soient; c'est l'organisation du travail concilié avec le respect de la propriété et la nécessité de garantir l'existence de ceux qui n'ont rien; c'est une solidarité universelle capable de rassurer les esprits, de calmer les craintes, d'apaiser les haines et de préparer à chacun sa part de vie et de bonheur.

L'ordre ainsi entendu constitue un état social durable et tranquille, parce que tous les citoyens, y trouvant satisfaction, ont intérêt à le maintenir.

L'ordre par la compression n'est qu'un calme apparent sous une atmosphère chargée d'orages. Perpétuer la misère et la faim, c'est tenir en permanence le camp des déshérités.

Combien ils se font illusion, ceux qui espèrent comprimer le peuple en plaçant sur sa poitrine le pied des soldats ! qu'ils sont insensés, ces réactionnaires violents, qui rêvent la persécution contre les hommes qu'ils détestent et contre les idées qu'ils redoutent ! la vérité ne porte-t-elle pas en elle une force supérieure à la logique du canon ? La persécution n'a-t-elle pas eu éternellement pour effet de féconder l'idée en l'arrosant de sang, et de grandir ses apôtres en leur mettant au front l'auréole du martyre ?

Il y a aussi deux sortes de République : la république des royalistes et la république des républicains.

La première se fait appeler honnête et modérée ; c'est elle qui mitraille, emprisonne, menace et opprime, perpétue les abus, augmente les impôts, ne songe qu'aux bourgeois, méprise les paysans et déteste les travailleurs. Elle a pour instrument les fonctionnaires de Louis-Philippe, pour appui, ceux qui vivent de l'exploitation des masses, et nous ne lui connaissons encore pour résultat que la misère.

La seconde s'appelle la république démocratique et sociale. Elle ne se borne pas à un changement dans les mots, elle veut un changement dans les choses ; elle désire introduire l'économie dans le budget, asseoir l'impôt sur l'équité, déblayer la société de toutes les fanges qu'on appelle égoïsme, exploitation, concurrence anarchique, fourberies commerciales, parasytisme intermédiaire, spéculations frauduleuses, agiotage et usure. Elle se présente avec un programme d'améliorations agricoles, qui concilie le progrès social avec le respect de la propriété ; elle veut fonder l'ordre sur la liberté et non pas sur la compression ; elle étend la prévoyance sociale sur tous les faibles, elle pourvoit à la subsistance des infirmes ; elle aura pour résultat le bien-être des masses.

Mais elle n'entend pas l'établir en prenant à celui qui

a pour donner à celui qui n'a pas. Elle veut créer, par le travail, de quoi satisfaire à tous les besoins en le garantissant à tous, en l'affranchissant de l'exploitation, en l'organisant sagement et sans contrainte pour personne. Elle ne veut pas rogner les habits, elle vient mettre des pans aux vestes. N'en ayez pas peur, heureux de la terre, le peuple ne veut pas vous dépouiller, il demande seulement une place au banquet de la vie. Elargissez la place, il n'en chassera personne.

Electeurs, vous avez à choisir entre les deux espèces d'ordre et de République. Voulez-vous l'ordre comme les réactionnaires, sauf à courir les chances d'orage, de de bouleversement, de vengeance, de guerre civile peut-être, de sang, de cahos? nommez les réactionnaires.

Voulez-vous en finir une bonne fois avec les révolutions, voir la paix se développer au dedans, l'influence du pays s'étendre au dehors, les abus disparaître sans secousses, les améliorations sociales s'opérer progressivement par le travail pacifique de l'Assemblée législative; ne rêvez pas des restaurations monarchiques impossibles, et votez pour la république de paix et de bonheur, en votant pour les républicains éprouvés par leur dévouement et connus par leurs capacités.

Entendez-vous donc; formez vos comités; concertez-vous pour choisir de bons représentants. Puis, quand le jour des élections sera venu, suivez le conseil du citoyen Joigneaux.

« Ce jour-là, cultivateurs, laissez vos charrues au bout du sillon, vos chevaux à l'écurie, vos bœufs à l'étable et mettez vos guêtres neuves. Ouvriers, quittez vos outils. Que le soleil donne ou que la pluie tombe, que vous soyez dispos ou que vous ne le soyez pas, que la route soit longue ou courte, mauvaise ou bien gravelée, allez au scrutin, tambour en tête et le drapeau de la République au vent. Ce ne sera pas une mince affaire que le prochain vote ; il ne s'agira ni plus ni moins que de sauver ou de perdre la France. Ce sera comme si vous aviez à choisir entre une rosée de mai et une averse de grêle au moment où les épis jaunissent.

La République c'est la rosée, la monarchie c'est la grêle ; laquelle voulez-vous ?

ADOLPHE LAMBERT (DE NANCY).

NANCY. — IMP. DE NICOLAS.